Beate Schlüter-Rickert

Planung, Durchführung und Auswertung einer Mita
lyse zum Biografiebogen in einer stationären Alten

Beate Schlüter-Rickert

Planung, Durchführung und Auswertung einer Mitarbeiterbefragung und Dokumentenanalyse zum Biografiebogen in einer stationären Altenpflegeeinrichtung

GRIN Verlag

Bibliografische Information der Deutschen Nationalbibliothek: Die Deutsche Bibliothek
verzeichnet diese Publikation in der Deutschen Nationalbibliografie; detaillierte bibliografische Daten sind im Internet über http://dnb.d-nb.de/ abrufbar.

1. Auflage 2007
Copyright © 2007 GRIN Verlag
http://www.grin.com/
Druck und Bindung: Books on Demand GmbH, Norderstedt Germany
ISBN 978-3-640-35523-5

HFVV

Hamburger Fern-Hochschule

Studiengang Pflegemanagement

Studienzentrum Essen

Studienschwerpunkt Stationäre Altenhilfe PM-SAA-P12-070630

Hausarbeit zum Thema:

Planung, Durchführung und Auswertung einer Mitarbeiterbefragung und Dokumentenanalyse zum Biografiebogen in einer stationären Altenpflegeeinrichtung in Münster

vorgelegt im Frühjahrssemester 2007

Beate Schlüter-Rickert

Inhaltsverzeichnis

1. Ausgangslage

Biografiearbeit gewinnt in den Einrichtungen der stationären Altenpflege immer mehr an Bedeutung.

Der demographische Wandel und die Zunahme der Demenzerkrankten macht eine *biografieorientierte* Arbeit mit dem alten Menschen, welche *persönlichkeitsfördernd- und - akzeptierend* sein muß, unerläßlich.

Folgt man Kitwood´s *personen-zentrierten* Ansatz, ist die Hauptaufgabe der Demenzpflege „...der Erhalt des *Personseins*..."(Kitwood 2005, 125). Nach Kitwood ist Identität eines der fünf großen Bedürfnisse, die bei allen Menschen vorhanden sind und die es zu erfüllen gilt.

Um *Identität* zu erhalten, ist es von essentieller Bedeutung, „ ...einigermaßen detailliert über die Lebensgeschichte einer Person Bescheid zu wissen..."

(Kitwood 2005, 125). Nur unter dieser Voraussetzung wird es möglich, mit dem alten Menschen in Interaktion zu treten.

Bei jeder Form von Interaktion geht es aber nicht nur um die Kontaktaufnahme mit dem Klienten, sondern ausschlaggebend ist die richtige Deutung gesendeter Signale. Werden die vom Bewohner gesendeten Signale in ihrer Bedeutung erfaßt, stärkt dies die Identität und zieht auch auf anderen Ebenen, wie beispielsweise dem Erhalt von Fähigkeiten, positive Effekte nach sich.

Ermöglicht wird die richtige Deutung gesendeter Signale nur durch möglichst umfangreiches *Biografiewissen*, welches durch *Biografiearbeit* gewonnen wird.

Obwohl die Zahl der Fort- und Weiterbildungen zum Thema Biografie und Biografiearbeit, sowie die Literatur zu diesem Thema nahezu unbegrenzt ist, fehlt es an einem praxistauglichen Konzept.

Vorherrschend ist, daß tatsächliche Biografiearbeit in den Einrichtungen der stationären Altenpflege bei kritischer Betrachtung kaum in die tägliche Praxis integriert wird.

Der konzeptionelle Rahmen der Biografiearbeit beschränkt sich auf Angaben in einem halbherzig bearbeiteten Biografiebogen, der kaum als Basis fundierter Biografiearbeit dienen kann. Jede Person in ihrer *Einzigartigkeit* wahrzunehmen und Biografiearbeit frei von Tendenzen des *Sterotypisierens* und *Pathologisierens* zu sehen ist damit nicht möglich (vgl. Kitwood, 173).

Es mangelt an der richtigen *Haltung* gegenüber dem Klienten und zahlreich vorhandene Konzepte der Biografiearbeit sprengen den finanziellen und organisationalen Rahmen.

Viele dieser Konzepte würden einen erheblichen Umfang an Schulungen der Mitarbeiter bedeuten und finanzielle sowie zeitliche Ressourcen binden, die von den Einrichtungen in Zeiten des immer größer werdenden Druckes nicht bereit gestellt werden können. Daher bietet es sich meiner Meinung nach an, ein bereits vorhandenes Instrument wie den Biografiebogen zu verbessern und ihn so für die Biografiearbeit nutzbar zu machen.

Wenn Biografiearbeit vornehmlich als *Interaktion* und *Kommunikation* mit dem Klienten verstanden wird, bedarf es an relevanten Anknüpfpunkten, die als Basis für dieses Vorgehen fungieren.

Diese Anknüpfpunkte können die Informationen aus dem Biografiebogen sein.

Alle mir bekannten Altenpflegeeinrichtungen arbeiten mit solchen Bögen, die in ihren Fragestellungen alle sehr ähnlich sind und nur wenig markante Unterschiede zeigen. Auch die stationäre Altenpflegeeinrichtung, „Maria-Hötte-Stift" in Münster, verfügt über einen solchen Bogen, der jedoch nur wenig Hilfestellung im Sinne von Biografiearbeit bietet und kaum Aussagen zur Persönlichkeit bzw. Identität eines Bewohners trifft. Die bisherige Vorgehensweise ermöglicht es nicht, den Bewohner in seiner Einzigartigkeit zu sehen und ihm seine Identität zu erhalten.

Die genannten Defizite führen auch im Kollegenkreis zu dem Wunsch, den *Biografiebogen* zu überarbeiten, da er in seiner jetzigen Form für die tägliche Arbeit mit dem Bewohner wenig brauchbar ist. Diese Einwände könnten ausschlaggebend für die scheinbar geringe *Akzeptanz* des vorhandenen Biografiebogens sein, was die Qualität der Bearbeitung negativ beeinflußt und die gewonnenen Informationen zusätzlich schmälert.

Als die Pflegedienstleitungen der Caritas Betriebsführungsgesellschaft Münster, zu der auch das „Maria-Hötte-Stift" gehört, im Dezember 2006 zum Thema Biografiearbeit und Modifizierung des vorhandenen Biografiebogens die Gründung einer Projektgruppe beschlossen, bot es sich an, im Vorfeld eine Mitarbeiterbefragung zu diesem Thema durchzuführen.

Ziel der Studie war es:

- Verbesserungspotentiale im Hinblick auf den Biografiebogen aufzudecken.
- Die geringe Akzeptanz des vorhandenen Biografiebogens nachzuweisen.

- Durch die Involvierung der Mitarbeiter letztendlich nicht nur die Biografiearbeit zu verbessern, sondern zukünftig auch die Motivation und Arbeitszufriedenheit der Mitarbeiter in Bezug auf Biografiearbeit zu erhöhen, und somit zur Gesundheitsförderung der Mitarbeitern beizutragen.

Bevor jedoch näher auf die Studie eingegangen wird, bedarf es der Erläuterung einiger Grundlagen.

2. Biografiearbeit in der Altenpflege

2.1. Grundlagen

2.1.1. Was ist Biografie?

Es ist anzunehmen, daß ein Großteil der Professionellen bei einem Erklärungsversuch eher den Tatbestand des Lebenslaufes beschreiben, als den der Biografie.

Der *Lebenslauf* ist eine Beschreibung der *objektiven Lebensdaten*, den verschiedenen Stationen und Ereignissen des Lebens. Bei Reitsma beschrieben als äußere Biografie, die sich relativ leicht abrufen läßt und häufig Inhalt gängiger Biografiebögen ist (2003, 13).

„Doch während wir durch all diese äußeren Geschehnisse des Lebens hindurch gegangen sind, haben wir auch Allerlei durchgemacht. Wir hatten dabei Erlebnisse und mit diesen Erlebnissen haben wir allmählich Entwicklungen, Erfahrungen gemacht, an denen wir gewachsen sind, die uns verändert haben" (Reitsma 2003, 13).

Diese Erfahrungen, Entwicklungen unterschiedlich in ihrer Art machen letztendlich die individuelle Biografie aus. iografien sind also nicht ein Sammelsurium von Eckdaten, sondern „*konstruierte Geschichten*, in denen verschweigen, betont und hinzugefügt wird. Die sozialhistorische Dimension des Lebenslaufes und die individuelle biografische Konstruktion sind unterschiedliche Kategorien"(Freibe 2004, 4).

Erst die subjektiv interpretierten Ereignisse, die Rekonstruktion des Erlebten im Zusammenspiel mit dem gesamten Kontext macht die individuelle Biografie aus und führt zur Identität des Selbst.

2.1.2. Was ist Biografiearbeit

Im Zentrum steht das Individuum und dessen Bedürfnis der *Lebensrückschau*. Biografiearbeit ist *Erinnerungsarbeit* und „dient der Versicherung eigener Identität und eigenen Wertes. Gleichzeitig ist es der Versuch, sich am Ende des Lebens mit seinem Schicksal auszusöhnen. Nebenprodukt dieser versöhnlichen *Lebensbilanz* ist der Zuwachs an persönlicher Stärke,

Gelassenheit und Lebensfreude. Das wiederum erleichtert es dem alten Menschen, sich mit den belastenden Erscheinungen des Älterwerdens auseinander zu setzen und sie zu meistern" (Osborn 1997,10). Biografiearbeit ist also kein Synonym für das Abfragen bestimmter Vorlieben, Abneigungen oder zeitlicher Eckdaten. Viel mehr geht es um die Begleitung des alten Menschen zu seiner Selbst, um das ihn Verstehen mit allen individuellen Facetten. Denn „in Lebensgeschichten ist nicht nur von Erfolgen, oder aktenkundigen Mißerfolgen, sondern auch von mißglückten Versuchen, Demütigungen, Enttäuschungen, Krisen, Zweifeln und Verzweiflungen die Rede und von mühsamen Versuchen, sie dennoch zum Guten zu wenden, sie in Gewinn zu verwandeln und sei es nur der Gewinn der Einsicht. In Lebensläufen scheinen Laufbahnen und Rollen normiert und zugleich isoliert, als von einander unabhängig. In Lebensgeschichten dagegen kreuzen, verbinden oder reiben sie sich aneinander.

In Lebensgeschichten wird deutlich, daß Laufbahnen nicht gradlinig verlaufen, sondern in Wendungen und Biegungen, mit Brüchen, Unterbrechungen, vergeblichen Anläufen und Rückschlägen und gegen innere Widerstände ..." (Schulze 1993, 190).

Solche Wendungen und Biegungen, solche Brüche, Unterbrechungen, vergebliche Anläufe und Rückschläge zu betrachten, ist Inhalt und Aufgabe von Biografiearbeit. Folgt man *Erikson´s Lebenszyklusmodell*, könnte man diese Wendungen und Brüche ebenso als die von ihm beschriebenen *Krisen* bezeichnen. Denn nach Erikson gibt es in der Persönlichkeitsentwicklung phasenspezifische Krisen, die bewältigt werden müssen und nur durch die Lösung dieser Krisen kann Persönlichkeit im positiven Sinn wachsen und im Alter zu *Integrität* führen.

2.2. Ziele der Biografiearbeit

Biografiewissen als essentieller Bestandteil der Arbeit mit alten Menschen wird durch Biografiearbeit gewonnen und fließt in die Pflege und Betreuung ein. Durch unterschiedliche Formen der Biografiearbeit gilt es, durch das sich Erinnern das Identitätsgefühl des alten Menschen zu erhalten. Zwischen Pflegepersonal und Bewohner entsteht eine Vertrauensbasis durch geteiltes Erinnern, wodurch die Beziehung und Kommunikation verbessert wird. Verhaltensweisen und Bedürfnisse der Bewohner werden entsprechend interpretiert. Der alte Mensch kann sein *personales „Selbst"* erhalten, da er sich angenommen und verstanden fühlt. Diese Hinwendung zum Subjekt und durch die Bewahrung und Förderung von Identität, wird den Professionellen der Zugang zum alten Menschen erleichtert.

Durch das Verstehen von Verhaltensweisen und Äußerungen des Klienten kann sicherlich die *Arbeitszufriedenheit* des Pflegepersonals positiv beeinflusst werden (vgl. Wächterhäuser

2002, 16). Um jedoch mit dem Bewohner in Interaktion treten zu können, ist es notwendig, eine Auswahl an Anknüpfpunkten aus der Biografie des Bewohners zu kennen.

Basis für den Beginn der wirklichen Biografiearbeit können Angaben sein, die bei Einzug in eine stationäre Einrichtung mit Hilfe eines Biografiebogens erhoben werden. Maßgeblich beeinflußt wird die Qualität der Biografiearbeit durch die gewonnenen Daten.

Nur durch umfangreiches Biografiewissen ist es möglich, dem Bewohner mit seinen Erlebnissen und dem individuellen Umgang und der Verarbeitung dieser Erlebnisse gerecht zu werden.

3. Problemlage

In den meisten Einrichtungen der stationären Altenpflege ist die Erhebung biografischer Daten mit Hilfe eines Biografiebogens etabliert. Fraglich ist jedoch, ob sie tatsächlich als Instrument der Biografiearbeit fungieren und etwas über die Identität eines Bewohners aussagen, oder ob sie vielmehr chronologisch sortierte Daten zum Lebenslauf enthalten und somit für die Biografiearbeit wenig wertvoll sind?

Aussagen zur Einzigartigkeit einer Person sind häufig eher Interpretationen gewonnener Daten verschiedener Dimensionen, wie beispielsweise Kultur, Geschlecht und soziale Klasse. Ausschlaggebend ist jedoch nach Kitwood „...die Angelegenheit der persönlichen Geschichte. Jeder Mensch ist an dem inneren Ort, an dem er sich gegenwärtig befindet, auf einem nur ihm eigenen Weg gelangt, und jede Station an diesem Weg hat dabei ihre Spuren hinterlassen,, (Kitwood 2005, 35).

Unter Betrachtung dieser Aspekte ist es nur all zu verständlich , daß ein nicht praxistaugliches Instrument, wie der derzeit verwendete Biografiebogen, im Kreis der Professionellen wenig akzeptiert wird.

Vorstellungen davon, den Betreuenden fällt es durch Biografiewissen leichter, Verhaltensweisen, Äußerungen und Bedürfnisse zu interpretieren, scheinen damit nicht realisierbar zu sein.

Es kommt also nicht nur zu negativen Auswirkungen im Hinblick auf die Betreuung der Bewohner, sondern als Begleiterscheinung wächst bei Mitarbeitern die Arbeitsunzufriedenheit und *Frustration*.

Ziele jeden Unternehmens, das Humankapital gesund und leistungsfähig zu erhalten, kann auf diese Weise nicht erreicht werden, wenn man *Antonovsky`s* Modell der *Salutogenese* folgt.

Auch *Lewin`s* Grundgedanke der *Demokratischen Partizipation* zur Verbesserung der Arbeitszufriedenheit spricht gegen ein von den oberen Hirarchieebenen „verordnetes" Instrument, welches in den Augen der Praktiker kein unterstützendes Werkzeug in der täglichen Pflegepraxis ist. Die beiden genannten Konzepte unterstützen somit in ihren theoretischen Ausführungen die weiter unten beschriebene Studie und das in Aussicht gestellte Projekt.

4. Theoretischer Begründungszusammenhang

4.1 Antonovsky`s Modell der Salutogenese

Seit Antonovsky den Begriff der Salutogenese prägte, steht dieser im engem Zusammenhang mit dem Feld der Prävention und Gesundheitsförderung. Allerdings war Antonovsky`s Hauptaugenmerk darauf gerichtet, welchen ursächlichen Zusammenhang es dafür gibt, daß Menschen gesund bleiben. Er sieht zunächst alle Individuen auf einem Kontinuum verortet, dessen eine Pol Gesundheit und der andere Krankheit ist. Je nach Lokalisation auf diesem Kontinuum wird ein Zustand von mehr oder weniger gesund erreicht. Maßgeblich für die Lokalisation auf dem Gesundheits-Krankheitskontinuum ist nach Antonovsky das Kohärenzgefühl(1997, 23). Wobei es sich beim Kohärenzgefühl um eine individuelle sowohl kognitive als auch affektiv-emotionale Grundeinstellung handelt, die Menschen in die Lage versetzt vorhandene Ressourcen zum Erhalt ihrer Gesundheit und ihres Wohlbefindens zu nutzen (vgl. Bengel u.a. 2001,.28).

Wesentlich beeinflusst wird das Kohärenzgefühl von den Komponenten Verstehbarkeit, Handhabbarkeit und Bedeutsamkeit. Verstehbarkeit bedeutet hierbei die Interpretationsfähigkeit von Personen, Ereignisse als sinnvoll und erklärbar einzuordnen. Die Komponente der Handhabbarkeit spiegelt die Überzeugung wieder, mit Problemen umgehen zu können, sie nicht als Last, sondern als Herausforderung zu sehen. Bedeutsamkeit bezieht sich auf das Ausmaß, in dem man das Leben als emotional sinnvoll betrachtet wird (vgl. Antnovsky 1997, 35).

Folgt man Antonovsky`s Modell und geht man davon aus, daß das Kohärenzgefühl die zentrale Größe für die Lokalisation auf dem Gesundheits- Krankheits- Kontinuum ist , muß

das Ziel aller Maßnahmen der Gesundheitsförderung die Stärkung bzw. Stabilisierung des Kohärenzgefühls sein.

Die oben genannten Aspekte haben ihre Relevanz selbstverständlich auch im Arbeitsleben, denn es ist ausschlaggebend, daß Menschen die ihnen gestellten Aufgaben gut heissen, daß sie erhebliche Verantwortung für ihre Ausführung haben, und daß das was sie tun oder nicht tun sich auf das Ergebnis auswirkt (vgl. Antonvsky 1997, 94).

Mitarbeiter müssen dementsprechend verstehen, wie und warum sie gewisse Aufgaben lösen. Außerdem trägt ein hohes Maß an Involvierung maßgeblich zur Motivation und zum Verständnis gestellter Aufgaben bei. So gilt es heute Arbeitnehmer über Partizipation, Identifikation und kooperativen Führungsstil zu motivieren und somit gesund zu erhalten. Eine ähnliche Zielsetzung verfolgt Lewin`s Konzept der Aktionsforschung

4.2. Aktionforschung -Kurt Lewin-

Die von Lewin begründete Aktionsforschung als angewandte Forschung, die somit „... in scharfen Gegensatz steht zum herkömmlichen Modell der rein wissenschaftlichen Untersuchung, in dem die Angehörigen der Organisationen "... „ als passive Objekte behandelt werden, von denen einige nur in der Weise beteiligt sind, daß sie das Projekt genehmigen, dessen Gegenstand sie sind und später die Resultate entgegen nehmen" (vgl. Hart / Bond 2001, 37).

Aktionsforschung will „bewußt am Interesse eines Wissens ansetzen, daß für und mit dem jeweils betroffenen und nicht von außen erforscht werden soll.

Eines der charakteristischen Merkmale der *Aktionsforschung* ist das Bemühen um die Lösung von Problemen in einer konkreten Situation und unter spezifischen Umständen" (vgl. Hart / Bond 2001, 62).

Ziel ist immer die *Verknüpfung von Theorie und Praxis*. Aktionsforschung läßt sich durch folgende Besonderheiten kennzeichnen:

- Die Problemstellung erfolgt nicht primär aus wissenschaftlichen Erkenntnisinteresse, sondern entsteht aus konkreten Mißständen.
- Das Forschungsziel besteht nicht vorrangig im Überprüfen theoretischer Aussagen, sondern in der Veränderung der untersuchten Problemlagen.
- Die Gruppenmitglieder geben die Rolle von Befragten und Beobachteten auf und beteiligen sich aktiv an der Zieldiskussion, Datenerhebung und Auswertung.

„Forschung wird dabei nicht als ein Erkenntnisprozeß auf Seiten des Forschers gesehen, sondern als ein *Erkenntnis-, Lern- und Veränderungsprozeß* auf beiden Seiten" (Flick (o. J.), 27).

In der durchgeführten Studie war der Focus zwar auf die etablierten Biografiebögen gerichtet, die Involvierung der Mitarbeiter spielte jedoch eine nicht unerhebliche Rolle.

5. Ziele der Studie

Basierend auf eigenen Erfahrungen und der Beobachtungen, daß Biografiebögen bei Einzug eines Bewohners mit wenig Engagement bearbeitet werden und der Inhalt dieser Bögen kaum Einzug in die Praxis hält, entsteht der Eindruck, daß der Biografiebogen in seiner jetzigen Form bei Mitarbeitern wenig akzeptiert wird und kein Instrument biografischer Arbeit darstellt.

Unterstützt wird diese Annahme durch Kollegenwünsche, den bisherigen Biografiebogen zu modifizieren.

Es liegt also Nahe, anzunehmen, daß eine positive Beziehung zwischen der Akzeptanz der verwendeten Biografiebögen und der Integration dieser in die tägliche Praxis besteht.

In diesem Zusammenhang sind folgende Fragestellungen relevant:

* Welchen *Stellenwert* hat der zur Zeit verwendete Biografiebogen bei den *Pflegefachkräften in Bezug auf Biografiearbeit?*
* Über welches Ausmaß an *Hintergrundwissen* bezüglich Biografiearbeit verfügen die Pflegefachkräfte?
* Wo sehen die Pflegefachkräfte *Verbesserungspotential* bei der Konstruktion eines neuen Biografiebogens?

Neben der Beantwortung dieser Fragestellung und der oben genannten Hypothese sollte die durchgeführte Studie durch *Involvierung* und *Partizipation* der Mitarbeiter auch einen gesundheitsförderlichen Aspekt haben.

6. Forschungsdesign

Dieser Studie lag ein *quantitatives Erhebungsverfahren* als *Querschnittstudie* zu Grunde. In einer stationären Altenpflegeeinrichtung wurden alle Pflegefachkräfte, die im Tagdienst tätig sind, befragt. Als Erhebungsinstrument wurde ein *Fragebogen* entwickelt, dessen Datenerfassung anonymisiert erfolgte. Nach Auswertung der Daten der Fragebogenerhebung, wurde der Untersuchungsgegenstand mit dem Konzept der *Triangulation* aus einer anderen Perspektive betrachtet. So daß im weiteren Verlauf eine *Dokumentenanalyse* bearbeiteter Biografiebögen erfolgte. Als direkt beteiligte des Untersuchungsfeldes war der Feldzugang unproblematisch, zumal die Pflegedienstleitung der Studie positiv gegenüber stand. Finanzielle Ressourcen waren somit nur sehr begrenzt notwendig und beschränkten sich auf Kosten für Fotokopien.

7. Fragebogenerhebung

7.1. Konstruktion des Fragebogens

Da es in dieser Studie weniger um Einzelnennungen ging, sondern um kollektive Einstellungen und einen Vergleich der Antworten der Befragten, wurde ein Fragebogen als Erhebungsinstrument gewählt.

Weitere Vorteile einer Fragebogenerhebung sind geringe zeitliche und finanzielle Ressourcen, sowie kein Interviewer als mögliche Fehlerquelle (vgl. Schwarzer u.a. 1998, 317).

Mögliche Schwächen dieser Methode, vor allem eine ungenügende Rücklaufquote konnte durch die im Vorfeld signalisierte Bereitschaft zur Teilnahme durch die Kollegen und den Vorteil direkt Beteiligte des Feldes zu sein, minimiert werden.

Für eine Fragebogenerhebung spricht außerdem, daß „das Vorwissen über den Gegenstand groß genug ist, um eine ausreichende Anzahl von Fragen eindeutig zu formulieren" (Flick (o. J.), 11).

Der Fragebogen wurde konstruiert als Mischung von offenen und geschlossenen Fragen. Die ersten sieben geschlossenen Fragen waren als *Einstellungsfragen* formuliert. Die Antwortmöglichkeiten wurden durch eine vierstufige Likert-Skala vorgegeben. Bewußt wurde auf eine Antwortmöglichkeit im mittleren Bereich verzichtet, da Befragte dazu neigen, diese Antwortmöglichkeit zu bevorzugen.

Im mittleren Teil hatten die Befragten die Möglichkeit, in zwei *offenen Fragen eigene Aspekte* und *Hinweise* zuzufügen (vgl. Gerckens 2004, 18).

Im letzten Teil des Fragebogens wurden *sozialstatistische Daten* erhoben, um Unterschiede bzw. Zusammenhänge zwischen der Einstellung und den Sozialdaten wie zum Beispiel Dauer der Berufserfahrung nachzuweisen.

7.2. Die Frageformulierung

Bei der Frageformulierung wurden besonderen Wert darauf gelegt, die Fragen verständlich und kurz zu formulieren, so wie den Umfang des gesamten Fragebogen möglichst knapp zu halten, um die Befragten nicht schon im Vorfeld zu demotivieren.

Die Anordnung der Fragen erfolgte vom Allgemeinen zum Speziellen mit am Ende des Fragebogens plazierten Angaben zu den Sozialdaten.

Um Effekte der Beantwortung von Fragen im Rahmen von *sozialer Erwünschtheit* zu vermeiden, wurden indirekte Fragen gestellt, die Informationen zur Akzeptanz der Biografiebögen liefern sollten.

Zwei offene Fragen sollten einerseits Verbesserungspotentiale zur Modifizierung der alten Biografiebögen aufdecken und andererseits auf Wissenslücken bezüglich Biografiearbeit aufmerksam machen.

7.3. Der Pretest

Auf Grund der Neukonstruktion des Fragebogens, sowie begrenzter Ressourcen, entfiel die Beurteilung der Gütekriterien, was im weiteren Verlauf der Studie vor allem im Rahmen der Auswertung berücksichtigt werden musste. Um gewisse Unsicherheiten beim Erstellen des Fragebogens auszuräumen, wurde die Pflegedienstleitung als Expertin zur Überprüfung des Fragebogens hinzu gezogen.

Nach dieser abschliessenden Beurteilung wurde ein Pretest mit drei Pflegefachkräften als Teil der Grundgesamtheit durchgeführt. Die Auswahl erfolgte als reine Zufallsstichprobe. Ziel des Pretests war es, die Eindeutigkeit der Fragen und die konkreten Erhebungsprobleme aufzudecken. Bei der Prüfung der Verständlichkeit der Fragen waren zwei Aspekte zu beachten: „Die sprachliche und die inhaltliche Verständlichkeit" (Atteslander 2000, 317).

Nach Auswertung des Pretests, der eine *Rücklaufquote* von 100 % hatte, zeigte sich, daß das gewählte Sprachniveau dem der Befragten entsprach und die inhaltliche Verständlichkeit ebenfalls unproblematisch war.

Da weder bei der Organisation, noch im Rahmen der Auswertung Probleme auftraten, konnte der Fragebogen unverändert im Rahmen der Haupterhebung verwendet werden.

7.4. Auswahl der Stichprobe

Durchgeführt wurde die vorliegende Studie in einer stationären Altenpflegeeinrichtung der Caritas Betriebsführungsgesellschaft in Münster.

Die Einrichtung verfügt über 132 vollstationäre Plätze und vier Kurzzeitplätze.

Die Pflegefachkraftquote beträgt zur Zeit 54 %.

Von den 22 Pflegefachkräften sind 14 in Vollzeit und 8 in Teilzeit tätig. Pflegemitarbeiter und Pflegefachkräfte im Nachdienst werden in dieser Studie nicht berücksichtigt, da sowohl die Erhebung der Daten im Biografiebogen als auch die Erstellung der individuellen Pflegeprozeßplanung nicht in ihren Bezugsrahmen fällt.

Somit war eine *Vollerhebung* mit 22 auszugebenden Fragebögen durchaus realisierbar.

7.5. Information der Mitarbeiter

Die *Information* der Mitarbeiter erfolgte im Vorfeld der Studie.

Zunächst wurden alle Wohnbereichsleitungen im Rahmen einer Leitungsrunde über die *Hintergründe* und *Zielsetzungen* der Studie informiert. In diesem Rahmen gab es auch die Möglichkeit, Inhalte zu hinterfragen und Bedenken oder Anregungen zu äußern.

Gleichzeitig wurden die Wohnbereichsleitungen gebeten, die Pflegefachkräfte in den einzelnen Wohnbereichen zu informieren, sowie die ihnen ausgehändigten Informationsschreiben in den Wohnbereichen auszuhängen.

In diesem Informationsschreiben erfolgte auch die Information der Mitarbeiter über Zielsetzung und Hintergrund der Studie.

Außerdem wurde die Organisation erläutert und explizit auf die Freiwilligkeit und das anonymisierte Auswerten der Daten hingewiesen.

Um eine tatsächliche Information aller Mitarbeiter zu gewährleisten, wurde der Aushang des Informationsschreiben kontrolliert und jedem Fragebogen eine Kurzfassung beigefügt.

7.6. Ausgabe und Rücklauf

Nach Abschluß des Pretest wurde der unveränderte Fragebogen in der Zeit vom 05.02.2007 bis 07.02.2007 persönlich an alle Pflegefachkräfte verteilt, wodurch gewährleistet wurde, daß alle Mitarbeiter den Fragebogen rechtzeitig erhielten und Fragen unverzüglich geklärt werden

konnten. Am 12.02.2007 wurde während der Übergaben persönlich an den Abgabetermin 16.02.2007 erinnert. Von den 22 ausgegebenen Fragebögen waren am 17.02.2007 insgesamt 15 Bögen in der hierfür vorgesehenen Box eingeworfen. Somit betrug der *Rücklauf ca. 75 %* und entsprach weitestgehend der angestrebten Rücklaufquote.

7.7. Datenaufbereitung

Die in den Fragebögen erhobenen Daten wurden in die vorbereitete Datenmaske des Statistikprogrammes *SPSS* eingegeben. Im Vorfeld erfolgte die Nummerierung der Fragebögen, um eine Kontrolle der Daten nach der Eingabe zu gewährleisten.

Fehlende oder falsche Angaben wurden mit der Ziffer 9 bzw. 99 eingegeben. Alle anderen Merkmale wurden bereits während der Vorbereitungszeit numerisch codiert.

Nach Eingabe der Daten wurde zunächst eine Kontrolle auf offensichtliche Fehler wie z.b. Unvollständigkeit oder fehlende Plausibilität durchgeführt.

Im Anschluß erfolgte die Kontrolle der Eingabe an Hand der nummerierten Fragebögen. Aus den Antworten der offenen Fragen wurden Kategorien gebildet, welche dann numerisch codiert und quantitativ ausgewertet wurden.

Zunächst wurde die Auswertung einzelner Merkmale in Form einer eindimensionalen Häufigkeitsverteilung, sowohl als Zählung, als auch als prozentualer Anteil ausgewertet. Der so bestimmte Modalwert war als Maß der zentralen Tendenz ausreichend, da keine der Verteilungen hohe Extremwerte zeigte.

Bei den abgefragten Merkmalen handelt es sich um Nominal- bzw. Ordinalskalen, wodurch die Methoden der Auswertung begrenzt wurden. Die Darstellung der Beziehung zwischen verschiedenen Merkmalen erfolgte mit Hilfe von Kreuztabellen.

7.8. Darstellung und Interpretation der Ergebnisse

Von den Mitarbeitern, die sich an der Befragung beteiligt haben, sind 84.6% Altenpfleger/in und 15,4% Krankenschwestern (s. Abb. 1). Die durchschnittliche Berufserfahrung beträgt 10,96 Jahre (s. Abb. 2).

Ein Zusammenhang zwischen diesen Merkmalen und der Einstellung zum Biografiebogen läßt sich nicht erkennen (s. Abb. 3 und 4). Der zunächst vermutete Zusammenhang , daß Mitarbeiter, deren Berufsausbildung noch nicht so lange zurückliegt, der Biografiearbeit bzw. dem Biografiebogen einen höheren Stellenwert beimessen, als die Mitarbeiter, deren Ausbildung länger zurückliegt, konnte nicht bestätigt werden (s. Abb. 5).

Dies läßt Rückschlüsse darauf zu, daß die Ausbildungsinhalte bezüglich Biografiearbeit lückenhaft sind und dringend einer Modifizierung bedürfen.

71,4% der Befragten empfinden das Ausfüllen der Biografiebögen nicht als lästig (s. Abb. 6) was eher für eine hohe Akzeptanz der Biografiebögen spricht. 42,9% gaben an, die Daten aus dem Biografiebogen in der individuellen Pflegeprozessplanung zu berücksichtigen bzw. meistens zu berücksichtigen (s. Abb. 7). Hieraus läßt sich schlußfolgern, daß eine Berücksichtigung der Individualität des Klienten in der Pflegepraxis nicht zwangsläufig gegeben ist.

Der Anspruch an die *Pflegeprozeßplanung* die *Einzigartigkeit* des Bewohners wieder zu geben und so eine den Bedürfnissen des Bewohners entsprechende Pflege zu gewährleisten, wird auf diese Weise nicht entsprochen.

Erfährt der alte Mensch somit eine schematische Pflege ohne Befriedigung seiner Bedürfnisse, verschwimmt seine Identität und ein Umgang mit dem Bewohner, sowie die Deutung der vom ihm gesendeten Signale, wird erschwert.

Hierdurch geht die Bedeutung und Sinnhaftigkeit des Biografiewissens verloren. Was wiederum die Akzeptanz der Biografiearbeit bei den Mitarbeitern negativ beeinflußt.

Auch wenn 50,0% der Mitarbeiter den Biografiebogen als wichtiges Instrument der täglichen Arbeit einstuften, gaben 28,6% an, daß dies selten der Fall sei (s. Abb. 8) .

Nur 7,1% der Befragten gaben an, daß im Laufe der Zeit Daten im Biografiebogen ergänzt werden. 57, 1 % hingegen gaben an, daß dies selten der Fall sei (s. Abb. 9). In diesem Zusammenhang herrscht bei den Mitarbeitern die Meinung vor, Biografie ist nicht erzählte Geschichte, die erst im Laufe der Zeit zum Ganzen wird. Vielmehr geht es darum, einmalig abgefragte Eckdaten zu erheben, ohne die Notwendigkeit zu sehen, die oft nur aus Bruchstücken bestehende Biografie zu ergänzen.

85.7% der Befragten füllen den Biogrfiebogen immer oder meistens zusammen mit den Angehörigen aus (s. Abb. 10). Der größere Anteil der Mitarbeiter (64,3%) sehen einen Unterschied zwischen Lebenslauf und Biografie (s. Abb. 11). Die am häufigsten genannten Kategorien bei der Auswertung der ersten offenen Frage, „was ist ihrer Meinung nach Biografiearbeit" waren:

- Biografiearbeit dient der *Wahrnehmung* des Bewohners in seiner *Individualität* (6 Nennungen, entspricht 40,0%).

- Biografiearbeit ist eine *Rekonstruktion der Lebensgeschichte* (5 Nennungen, entspricht 33.0%).

Alle anderen Kategorien zur ersten offenen Frage waren quantitativ so verteilt, daß auf keine weitere Kategorie eine besondere Gewichtung fiel.

Insgesamt wurden sieben Kategorien gebildet, die jedoch jeweils nur ein oder zweimal genannt wurden (s. Abb. 12). Offen bleibt die Frage, was für die Mitarbeiter Individualität einer Person bedeutet. Möglicherweise, beziehen Mitarbeiter Individualität auf besondere Eß –,Trink- oder Schlafgewohnheiten und weniger auf die individuellen Facetten des Personseins. Die am häufigsten genannten Kategorien bezüglich der zweiten offenen Frage „ um welche Daten sollte ihrer Meinung nach der Vorhandene Biografiebogen ergänzt werden" waren:

- Die Daten im Biografiebogen sollten Aussagen zu *Vorlieben* und *Abneigungen* des Bewohners erlauben (drei Nennungen, entspricht 20,0%).

- Die Daten im Biografiebogen sollten Aussagen über *einschneidende Erlebnisse* erlauben (3 Nennungen, entspricht 20,0%).

Insgesamt wurden neun Kategorien gebildet, die, mit Ausnahme der weiter oben genannten, mit ein bis zwei Nennungen nicht außergewöhnlich ins Gewicht fielen (s. Abb. 13). Wünsche der Mitarbeiter, Vorlieben und Abneigungen der Bewohner zu kennen, ist im Pflegealltag nicht unerheblich, darf aber nicht mit Biografiewissen gleichgesetzt werden. Denn Biografie als subjektive Interpretation von Lebensgeschichte ist weitaus mehr. Ebenso darf das Kennen einschneidender Erlebnisse nicht zur Bildung von Stereotypen führen, durch welche Personen in gewisse Schemata gepresst werden. Häufig ist das Resultat Verallgemeinerungen, verbunden mit Emotionen und Verarbeitungsmechanismen, die für alle Personen einer Gruppe unterstellt werden und die Mitarbeiter zu verstehen glauben.

Neben diesen erwähnten Aspekten gibt es noch eine Reihe anderer, die jedoch an anderer Stelle Beachtung finden müssen, um den Rahmen dieser Hausarbeit nicht zu sprengen.

Resümierend konnte mit der vorliegenden Studie nicht belegt werden, daß der vorhandene Biografiebogen bei den Mitarbeitern eine geringe Akzeptanz hat. Nach Auswertung der Ergebnisse entsteht vielmehr der Eindruck, als habe Biografiearbeit und insbesondere der Biografiebogen einen hohen Stellenwert.

Allerdings widerspricht es meinem Eindruck als Beteiligte des Feldes. Möglicherweise lassen sich die von den Befragten gemachten Angaben auf soziale Erwünschtheit zurückführen, da von den Befragten eine Identifikation über die Sozialdaten befürchtet wurde.

Dieses läßt sich auch daraus schlußfolgern, daß selbst die Befragten (28 %), die den Biografiebogen selten als wichtiges Instrument der täglichen Arbeit betrachten, nicht angeben, daß sie das Ausfüllen als lästig empfinden , was eine gewisse Widersprüchlichkeit in sich birgt. (s. Abb. 14).

Ebenso widersprüchlich ist der Tatbestand, daß auch die Befragten (50 %), die den Biografiebogen als wichtiges Instrument einstufen, nicht angegeben haben, daß eine Ergänzung der Daten im Biografiebogen erfolgt (s. Abb. 15). Ein weiterer Anhaltspunkt hierfür ist die Angabe, daß die meisten Befragten den Biografiebogen zusammen mit den Angehörigen ausfüllen. Dieses entspricht nicht meiner Erfahrung, denn etabliert hat sich die Erhebung der Daten im Biografiebogen in Abwesenheit der Pflegekräfte durch die Angehörigen.

Die oben genannten Diskrepanzen zwischen den Angaben der Befragten und meinen eigenen Beobachtungen als beteiligte des Feldes, sind möglicherweise nicht nur Effekt der Angst vor Verlust der Anonymität, sondern auch ein Zeichen für das Fehlen eines Konzeptes zur Bearbeitung von Biografiebögen.

Nach Auswertung der offenen Fragen durch Bildung von Kategorien und Zuordnung dieser zu den genannten Antworten zeigt sich, daß die Definitionen des Begriffs Biografie genauso vielfältig sind wie die genannten Verbesserungspotentiale bezüglich der Modifizierung des zur Zeit verwendeten Biografiebogens (s. Abb. 12 und 13). Ursächlich hierfür ist meiner Meinung nach eine sehr differierende Wissensbasis bezüglich Biografie und Biografiearbeit. Die Beantwortung der Fragen im Erhebungsinstrument basiert eher auf subjektiven Einschätzungen und Wahrnehmungen, als auf fundierten Theoretischem Wissen zum Thema. Mangelt es an diesem Wissen, ist es nur all zu verständlich, daß das hier beleuchtete Instrument nicht dementsprechend genutzt werden kann und wenig Beachtung in der täglichen Praxis der Professionellen findet.

Die wahrscheinlich existierende Diskrepanz zwischen den Einstellungen und dem tatsächlichen Verhalten soll durch eine andere Herangehensweise an den Untersuchungsgegenstand nachgewiesen werden.

8. Dokumentenanalyse

Durch Befragung „ wird vor allem das Wissen über Handlungen und Prozesse deutlich, es wird jedoch kein direkter Zugang zu *Handlungen* und *Prozessverläufen* gewonnen" (Flick. SB 3, 27). Daher konnte mit der Fragebogenerhebung die verfolgte Hypothese nicht belegt werden.

Um diesem Tatbestand gerecht zu werden, soll durch Triangulation und damit durch eine andere Perspektive auf den Untersuchungsgegenstand der angenommene Unterschied zwischen Aussagen zur Einstellung und tatsächlichem Verhalten belegt werden. Als zweiter methodischer Zugang wird hier die Dokumentenanalyse gewählt. Bei diesem Vorgehen sollen die Inhalte der bearbeiteten Biografiebögen quantitativ ausgewertet werden, um so die vorhandenen Differenzen zwischen Einstellung und Handlung nachzuweisen.

8.1. Auswahl der Dokumente

Eine erste Sichtung der vorhandenen Dokumente ergab, daß nur bei 89 von 127 Bewohnern ein Biografiebogen angelegt war. Diese 89 Bewohner wurden zunächst ihren jeweiligen Bezugspflegen zugeordnet. Bezugspflegen sind alle Pflegefachkräfte, die in Vollzeit tätig sind.

Nach dieser Zuordnung entstehen somit 14 Gruppen mit jeweils ca. 6 Bewohnern für die ein ausgefüllter Biografiebogen vorliegt. Aus diesen 14 Gruppen werden durch eine *reine Zufallsstichprobe* jeweils 2 Biografiebögen ausgelost, die Bestandteil der Dokumentenanalyse werden. Somit kommt es zur Auswertung von 28 Biografiebögen

8.2. Kriterien der Dokumentenanalyse

Als Kriterien der quantitativen Inhaltsanalyse wurden vier *Kategorien* festgelegt:

- *Von wem* wurden die Angaben im Biografiebogen gemacht?
- Ist der Biografiebogen *vollständig* ausgefüllt?
- Wurden im Laufe der Zeit Angaben *ergänzt?*
- Sind die Angaben in ihren Ausführungen eher *knapp oder ausführlich?*

Knapp wurde hierbei definiert als Angabe mit wenigen Worten und ausführlich als Angabe mit mehr als einem Satz.

8.3. Datenaufbereitung

Nach Ziehung der Stichprobe wurden die Biografiebögen nummeriert und an Hand der genannten Kategorien analysiert.

Die Ergebnisse wurden in die vorbereiteten Datenmasken des Statistikprogramms *SPSS* eingegeben. Anschließend erfolgte die Kontrolle der Daten auf Vollständigkeit und Plausibilität.

Nach Eingabe der Daten, wurde für die Kategorien der Modus bestimmt und die Darstellung einiger Zusammenhänge zwischen verschiedenen Kategorien erfolgte in Kreuztabellen.

8.4. Darstellung und Interpretation der Ergebnisse

Nach Auswertung der vorliegenden Dokumente ergab sich folgendes Bild.

In 20 Fällen (71,4 %) war nicht ersichtlich, von wem die Angaben gemacht wurden (s. Abb. 16) . Es gab keinen erkennbaren Unterschied ob die Daten Resultate der Beobachtung durch Pflegekräfte waren oder ob es sich um Angaben von Angehörigen oder dem Bewohner selbst handelt.

57,1 % der Biografiebögen waren vollständig ausgefüllt (s. Abb. 17). Wobei sich vollständig darauf bezieht, daß es mindestens eine Angabe zur abgefragten Rubrik gab. Die Qualität der erhobenen Daten wurde hierbei nicht berücksichtigt.

Die Erhebung der 4. Variable, welche die Ausführlichkeit der erhobenen Daten beurteilt, zeigt, daß 60,7 % der Daten eher einen knappen Umfang hatten und häufig nur aus einzelnen Worten bestanden (s. Abb. 18). In keinem Dokument war ersichtlich, ob Angaben im Laufe der Zeit ergänzt wurden (s. Abb. 19).

Hierbei kann jedoch eher davon ausgegangen werden, daß tatsächlich keine Ergänzungen erfolgt sind, da es in keinem der Biografiebögen Passagen gab, die mit anderer Handschrift oder einem anderen Schreibwerkzeug hinterlegt wurden. Da dies jedoch keinen 100 %-igen Ausschluß bedeuten kann, wurden diese Dokumente dem Label „nicht ersichtlich" zugeordnet.

Diese Ergebnisse belegen, daß der im „Maria-Hötte-Stift" etablierte Biografiebogen bei den Mitarbeitern eine eher geringe Akzeptanz hat und nicht als wichtiges Instrument täglicher Praxis fungiert. Es besteht somit eine erhebliche Diskrepanz zwischen Einstellung und Verhalten.

9. Fragebogenerhebung und Dokumentenanalyse - ein Vergleich -

Die unterschiedlichen methodischen Zugänge lassen Rückschlüsse darauf zu, daß die Beantwortung der Fragen im Fragebogen von sozialer Erwünschtheit beeinflußt waren.

Die Analyse der Dokumente belegt, anders als die Fragebogenerhebung, daß die Akzeptanz bezüglich der Biografiebögen gering ist und daraus resultierend die erhobenen Daten von schlechter Qualität sind, wodurch sie zu einem wenig hilfreichen Instrument in der Pflege und Betreuung der Bewohner werden.

Widersprüchlich ist die Angabe der Mitarbeiter, daß ausfüllen des Biografiebogens erfolge überwiegend zusammen mit den Angehörigen.

Anhand der Dokumentenanalyse ließ sich belegen, daß nur 10,7 % der Biografiebögen Angaben von den Angehörigen enthalten. Bei 71,4 % war es nicht ersichtlich(s. Abb. 16).

Würde der Biografiebogen in Anwesenheit einer Pflegekraft erfolgen, ist es naheliegend, daß eine Beteiligung von Bewohnern, Angehörigen und Pflegekraft durch Unterschrift gegeben wäre, da am Ende der Erhebung der Daten im Biografiebogen explizit um Unterschrift gebeten wird.

Obwohl 57,1 % der Mitarbeiter angaben, daß Daten zwar selten, aber doch im Laufe der Zeit ergänzt werden (s. Abb. 9), war dieses in keinem Dokument ersichtlich (s. Abb. 19). Auch wenn 50 % der Mitarbeiter die Biografiebögen als wichtiges Instrument der täglichen Praxis einstufen (s. Abb. 8), sind 49,9 % der Biografiebögen nicht vollständig ausgefüllt (s. Abb. 17) und 60,7 % enthalten nur Angaben in kurzer, knapper Form (s. Abb. 18).

10. Empfehlung und Fazit

10.1 Ableitung von Verbesserungspotentialen

Verbesserungspotentiale ergeben sich bezüglich der Inhalte des Biografiebogens in einem erheblich geringerem Umfang als erwartet. Verbesserungspotentiale müssen sich vielmehr auf den Umfang bzw. der Handhabung des jetzigen Biografiebogens beziehen. Positive Effekte bezüglich Biografiearbeit und Integration der Biografie in die Pflege alter Menschen könnten bereits folgende Aspekte haben:

- Die Daten in den Biografiebögen sollten *vollständig* erhoben werden. Ein lückenhaftes Ausfüllen führt dazu, daß Zusammenhänge nicht klar werden und dadurch auch die erhobenen Daten an Brauchbarkeit verlieren.

- Ein unvollständiges Erheben der Daten liegt möglicherweise an der *Form der Erhebung*. Wird der Biografiebogen behandelt wie eine Art Aufnahmeformular und Angehörigen, bzw. Bewohner werden weder verbal durch die Pflegekräft noch durch ein anleitendes Informationsschreiben über den   Hintergrund informiert, entsteht der Eindruck, es gehe lediglich um die Erhebung von Eckdaten.

- Unverzichtbar ist die *Anwesenheit einer Pflegekraft*, die so Gelegenheit hat Angaben zu hinterfragen, sowie den Bewohner/Angehörigen erklärend zu unterstützen.

- Nicht unerheblich ist der *Zeitpunkt der Erhebung*. In unserer Einrichtung gilt die Prämisse, daß die individuelle Pflegeprozeßplanung drei Tage nach Einzug des Bewohners erstellt sein muß. Sollen die Daten der Biografiebögen in diese einfließen, bedeutet dieses im Umkehrschluß, die Biografie muß ebenfalls zu diesem Zeitpunkt bekannt sein. Aus diesem Blickwinkel betrachtet ist es nicht verwunderlich, daß Bewohner und Angehörige aus Mangel an Vertrautheit eher zurückhaltend reagieren oder sogar Angaben verweigern. Vertrauen als unverzichtbare Basis der Biografiearbeit muß wachsen und kann nicht in einem sich erst anbahnenden Beziehungsprozess als bereits gegeben betrachtet werden. So wie das Vertrauen im Laufe der Zeit wächst und Beziehungen aufgebaut werden, so erzählt der Bewohner immer mal wieder über sich und sein Leben. Diese Informationen gilt es zu erfassen, bereits gemachte Angaben zu ergänzen in einem Rahmen, der einen vertrauensvollen Umgang mit dem Erzähltem gewährleistet.

Ziel kann es daher nicht sein, eine einmalige, innerhalb kürzester Zeit stattfindende Erhebung abzuheften und diese in der Arbeit mit dem Bewohner außer Acht zu lassen.

- Sowohl bei der Ersterhebung als auch bei späteren Ergänzungen ist es unverzichtbar, klar ersichtliche Angaben zu machen, von wem die Angaben stammen. Sind diese vom Bewohner, von Angehörigen gemacht oder handelt es sich um Beobachtungen der Pflegekräfte. Diese Angaben unterscheiden sich in ihrer Qualität erheblich. Eine Interpretation von Dritten kann nicht mehr als eine Annahme sein. Der Betroffene kann persönliche Belange auf eine ganz andere Art und Weise interpretieren. Den Biografie ist immer etwas Subjektives. Rückschlüsse auf Personen über die Bildung von Stereotypen lassen jegliche Individualität vergessen.

- Zukunftsweisend kann nur ein Abwenden von einheitlich vorgedruckten Biografiebögen sein. Die Erhebung der Biografie in Form einer Erzählung ist wünschenswert. Erzählanreize müssen hierbei auf Basis von Vertrauen und Interesse, in einer positiven Atmosphäre, ohne Zeitdruck erfolgen. Diese notwendige Basis muß zunächst geschaffen werden, unabhängig davon, ob Bewohner selbst oder Angehörige erzählen.

- Von essentieller Bedeutung für eine adäquate Biografiearbeit verbunden mit einer effektiven Erhebung der Daten im Biografiebogen ist eine respektierende, empathische Haltung der Mitarbeiter gegenüber dem Klienten. Eine Orientierung an Defiziten und besonderen Verhaltensweisen ohne das Erkennen der Bedeutung gesendeter Signale des Bewohners ist in diesem Zusammenhang wenig förderlich. Mitarbeiter müssen bereit sein,

den Bewohner in seiner Einzigartigkeit zu sehen, losgelöst von der Annahme, über die Bildung von Stereotypen eine identitätsfördernde Pflege leisten zu können. Es muß das Bewußtsein wachsen, daß Biografie etwas Subjektives ist und immer von persönlichen Interpretationen des Erlebten abhängt.

10.2. Integration der Ergebnisse in die Arbeit der Projektgruppe

Nachdem die Ergebnisse der Studie den Wohnbereichsleitungen in einer der Leitungsrunden präsentiert wurden, erfolgte die Information der übrigen Mitarbeiter im Rahmen der Teamsitzungen in den einzelnen Wohnbereichen.

Vornehmliches Ziel der Studie war es allerdings, die Resultate in die Arbeit der initiierten Projektgruppe einfließen zu lassen.

Im aufzustellenden Projektplan sollten folgende Aspekte beachtet werden:

- Da ein Teil der Mitarbeiter Biografie und Lebenslauf für identisch hält und Definitionen der Biografie wenig adäquat waren, gibt es es offensichtlich Lücken zum *theoretischen Hintergrund* bezüglich Biografie und Biografiearbeit. Daher ist es zwingend notwendig, zunächst eine fundierte Wissensbasis zum Thema Biografie zu schaffen.

- Alle Beteiligten müssen zunächst an ihrer *eigenen Biografie* arbeiten. Nur wenn man die eigene Biografie reflektiert und man sich darüber klar wird, was Biografie und Biografiearbeit bedeutet, kann man offen sein für die Biografie Anderer.

- Um bereits während des laufenden Projektes positive Erfahrungen mit verschriftlichten Biografien zu sammeln, sollten *Fallbesprechungen* erfolgen, deren Ergebnisse direkt in die Praxis transferiert werden können. Auf diese Weise kann sich der Blick auf Biografiebögen in dem Sinne verändern, daß dieser tatsächlich als wichtiges Instrument der praktischen Arbeit gesehen wird und zu dem die Motivation positiv beeinflußt.

- Wenn eine Erhebung der Daten des Biografiebogens nur durch Interaktion und Kommunikation möglich ist, muß dringend die *Kommunikationsfähigkeit* der Mitarbeiter geprüft und möglicherweise geschult werden.

- Während des gesamten Projektes sollten die Mitarbeiter auf Grund der *salutogenetischen Ausrichtung* an Entscheidungen beteiligt sein. Sie sollten in die Lage versetzt werden, *Probleme* zum Thema selbst zu *erkennen* und *Problemlösungen* zu erarbeiten. Nur so ist es möglich, Effekte sozialer Erwünschtheit, wie sie im Rahmen der Studie aufgedeckt wurden, zu umgehen.

- Um ein einheitliches Vorgehen bei der Bearbeitung der Biografiebögen zu gewährleisten, muß eine Art *Verfahrensanweisung* erstellt werden, die unter anderem folgende Punkte enthalten sollte:

1. Zu welchem *Zeitpunkt* nach Einzug des Bewohners sollte der Biografiebogen ausgefüllt werden?
2. *Von wem* wird der Biografiebogen ausgefüllt?
3. Wichtige *Zusatzinformationen* müssen ergänzt und mit Datum versehen werden.
4. Es muss ersichtlich sein, *von wem* die Angaben gemacht wurden. Handelt es sich um Beobachtungen der Pflegekräfte, muss auch dieses nachvollziehbar sein.
5. Erzählungen sind ergiebiger als punktuelles abfragen.
6. Die Erhebung muss in angenehmer, vertauensvoller Atmosphäre stattfinden.

Erst wenn ein grundlegender Umdenkprozess in Richtung weiter oben beschriebener Aspekte stattgefunden hat, kann in der letzten Phase des Projektes die Modifizierung des vorhandenen Biografiebogens stattfinden. Durch bereits abgelaufene Phasen wird erwartet, daß die Mitarbeiter in der Lage sein werden, Verbesserungspotentiale im größeren und qualitativ besseren Umfang aufzudecken, als zum Zeitpunkt der Fragebogenerhebung.

Ein so neu entwickeltes Instrument trägt durch *Nachvollziehbarkeit, Involvierung, Kooperation* und *Partizipation* maßgeblich zur Arbeitszufriedenheit bei. Mitarbeiter erhalten durch diese Vorgehensweise die Möglichkeit an der Problemerkennung und Lösung direkt beteiligt zu sein. Sie werden motiviert, ihre eigenen Fähigkeiten und Grenzen zu erkennen. Überforderung als eine Ursache der fehlenden Arbeitszufriedenheit wird minimiert.

Mit der Entwicklung eines Instruments durch die Mitarbeiter sind die Professionellen bereit, sich mit diesem Instrument zu identifizieren.

Der so vorhandene Bezug zu einem nicht von den oberen Hirarchieebenen „verordnetem" Instrument *verbessert* die *Motivation* und die *Qualität der Arbeit*.

10.3. Kritische Reflexion

Im Verlauf der hier durchgeführten Studie, vor allem auch bezüglich erwarteter und tatsächlicher Ergebnisse, konnten einige Schwachstellen identifiziert werden.

Mangelnde praktische Kompetenz in der Durchführung von Studien muß als Grund für gewisse Mängel angenommen werden.

So werden beispielsweise Fragen zu den Sozialdaten deutlich zu leichtfertig gestellt. Erst zum Zeitpunkt der Datenaufbereitung wurde deutlich, daß gemachte Angaben zu den Sozialdaten

eine Identifizierung der Teilnehmer ermöglichte. Dieses ist wahrscheinlich ursächlich für fehlende Angaben oder aber Angaben, die im Rahmen von sozialer Erwünschtheit zu sehen sind und somit nicht die tatsächlichen Einstellungen widerspiegeln.

Eine weitere meiner Meinung nach nicht zu unterschätzende Schwierigkeit besteht in dem Verlust von Objektivität als Beteiligte des Feldes.

Eigene Verhaltensweisen und Einstellungen beeinflussen die Frageformulierung, so wie die allgemeine Fragestellung der Studie maßgeblich und führen zur Bildung von Stereotypen in Bezug auf Kollegen.

Ergebnisse der Fragebogenerhebung zu interpretieren ist nahezu unmöglich, wenn mir als beteiligte des Feldes bereits während der Dateneingaben deutlich wird, daß Angaben nur Resultate sozialer Erwünschtheit sind und keinesfalls der Realität entsprechen. So mußte die Interpretation einiger Ergebnisse entfallen, da sie lediglich eine Verzerrung der tatsächlichen Gegebenheiten bedeuten.

Unter möglicher Wahrung von mehr Distanz hätte der Studie sicher mit mehr Neutralität begegnet werden können. Ein Mangel an Erfahrung ist ebenso ursächlich auf dem wohl doch zu kleinen Umfang des Pretests zurück zu führen.

Möglicherweise hätten Schwachstellen wie die oben genannte Erhebung der Sozialdaten bereits im Pretest aufgedeckt werden können, wenn eine größere Zahl von Mitarbeitern befragt worden wären.

Bei der Betrachtung der Ergebnisse ist zu berücksichtigen, daß die Gütekriterein der Reliabilität und Validität nicht zwingend gegeben sein müssen. Es kann weder das Ausmaß angegeben werden, in dem das Erhebungsinstrument bei wiederholten Datenerhebungen unter gleichen Bedingungen und bei den selben Probanten das gleiche Ergebnis erzielt, noch kann angegeben werden, ob das Erhebungsinstrument tatsächlich die Variable mißt, die es zu messen vorgibt (vgl. Atteslander 2000, 316).

Um die Ergebnisse der Fragebogenerhebung in Beziehung zu den Ergebnissen der Dokumentenanalyse zu setzen, wäre die Betrachtung der individuellen Pflegeplanung nicht unerheblich, um weitere Diskrepanzen oder Übereinstimmungen aufdecken zu können. Unter diesem Gesichtspunkt sollte eine Prüfung der Pflegeprozessplanung bezüglich einfließender Angaben aus den Biografiebögen erfolgen. Dieser Aspekt konnte jedoch aus Mangel an zeitlichen Ressourcen nicht berücksichtigt werden.

Auch wenn dieses Resümee insgesamt betrachtet einige Schwachstellen nennt, gibt es doch einige durchaus brauchbare Ergebnisse, die in die angestrebte Projektarbeit einfließen werden und die dortige Arbeit im Sinne der Mitarbeiter beeinflussen können.

Auf diese Weise gilt es, ein wichtiges Instrument wie den Biografiebogen zu optimieren und so zu einer wachsenden Akzeptanz bei den Mitarbeitern beizutragen.

Möglicherweise rückt damit das Ziel näher, „...einen Beziehungsstiel zu befördern, welcher der Person – ihrer Identität, Persönlichkeit, Bedürfnissen und Bedürftigkeiten – entspricht und sie anerkennt, wertschätzt und respektiert" (Kitwood 2005, 219).

Anhang

Ausbildung

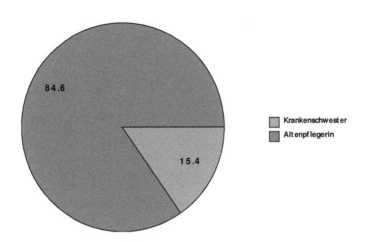

84.6

Krankenschwester

Altenpflegerin

15.4

Abb. 1   Fragebogenerhebung - Maria-Hötte –

Berufserfahrung

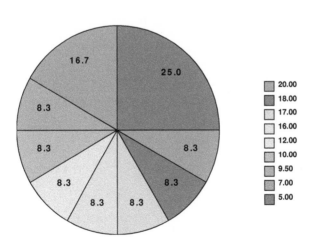

16.7

25.0

8.3

8.3

8.3

8.3

8.3

8.3

8.3

8.3

20.00
18.00
17.00
16.00
12.00
10.00
9.50
7.00
5.00

Jahre

Abb. 2   Fragebogenerhebung - Maria-Hötte-Stift -
Bei den Angaben in den Kuchendiagrammen handelt es sich um Prozentangaben.

v1 Der Biografiebogen ist ein wichtiges Instrument bei der täglichen Arbeit
v11 Berufserfahrung

Abs. Häufigkeit

	trifft zu	trifft meistens zu	trifft selten zu	Summe
5	1.00	1.00	1.00	3.00
7	1.00	0.00	1.00	2.00
9.5	1.00	0.00	0.00	1.00
10	0.00	0.00	1.00	1.00
16	1.00	0.00	0.00	1.00
17	1.00	0.00	0.00	1.00
18	0.00	1.00	0.00	1.00
20	0.00	0.00	1.00	1.00
Summe	5.00	2.00	4.00	11.00

Eingeschlossen sind 11 von insgesamt 15 Fällen
Abb. 3a Fragebogenerhebung - Maria-Hötte-Stift -

v3 Die Erhebung der Daten im Biografiebogen empfinde ich als lästig
v11 Berufserfahrung

Abs. Häufigkeit

	trifft zu	trifft meistens zu	trifft selten zu	trifft nicht zu	Summe
5	0.00	0.00	1.00	2.00	3.00
7	0.00	0.00	0.00	2.00	2.00
9.5	0.00	0.00	0.00	1.00	1.00
10	0.00	0.00	0.00	1.00	1.00
12	1.00	0.00	0.00	0.00	1.00
16	0.00	0.00	0.00	1.00	1.00
17	0.00	0.00	0.00	1.00	1.00
18	0.00	0.00	0.00	1.00	1.00
20	0.00	1.00	0.00	0.00	1.00
Summe	1.00	1.00	1.00	9.00	12.00

Eingeschlossen sind 12 von insgesamt 15 Fällen
Abb. 3b Fragebogenerhebung - Maria-Hötte-Stift -

v8 Alter
v1 Der Biografiebogen ist ein wichtiges Instrument bei der täglichen Arbeit

Abs. Häufigkeit

	27	32	40	41	42	49	51	60	Summe
trifft zu	0	0	1	0	1	1	2	1	6
trifft meistens zu	0	1	0	0	0	0	1	0	2
trifft selten zu	1	0	0	1	0	0	0	0	2
Summe	1	1	1	1	1	1	3	1	10

Eingeschlossen sind 10 von 15 Fällen
Abb. 4a Fragebogenerhebung - Maria-Hötte-Stift -

---

v8 Alter
v3 Die Erhebung der Daten im Biografiebogen empfinde ich als lästig

Abs. Häufigkeit

	27	29	32	40	41	42	49	51	Summe
trifft zu	0	1	0	0	0	0	0	0	1
trifft selten zu	0	0	0	0	0	0	0	1	1
trifft nicht zu	1	0	1	1	1	1	1	2	8
Summe	1	1	1	1	1	1	1	3	10

Eingeschlossen sind 10 von insgesamt 15 Fällen
Abb. 4b Fragebogenerhebung - Maria-Hötte-Stift -

v12 Ausbildungsende vor
v1 Der Biografiebogen ist ein wichtiges Instrument bei der täglichen Arbeit

Abs. Häufigkeit

	5	7	8	10	17	20	22	31	Summe
trifft zu	1	1	0	1	1	0	0	0	4
trifft meistens zu	0	0	1	0	0	0	0	1	2
trifft selten zu	0	1	1	0	0	1	1	0	4
Summe	1	2	2	1	1	1	1	1	10

Eingeschlossen sind 11 von insgesamt 15 Fällen
Abb. 5 a Fragebogenerhebung - Maria-Hötte-Stift -

---

v12 Ausbildungsende vor
v4 Die Daten aus dem Biografiebogen werden in der individuellen Pflegeplanung
berücksichtigt

Abs. Häufigkeit

	5	7	8	9	10	17	20	22	31	Summe
trifft zu	1	0	2	0	0	0	0	1	0	4
trifft meistens zu	0	1	0	0	1	1	0	0	0	3
trifft selten zu	0	1	0	1	0	0	1	0	1	4
Summe	1	2	2	1	1	1	1	1	1	11

Eingeschlossen sind 11 von insgesamt 15 Fällen
Abb. 5b Fragebogenerhebung - Maria-Hötte-Stift -

Die Erhebung der Daten im Biografiebogen empfinde ich als lästig

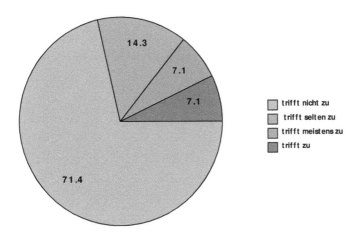

Abb. 6 Fragebogenerhebung - Maria–Hötte-Stift -

Die Daten aus dem Biografiebogen werden in der individuellen Pflegeplanung berücksichtigt

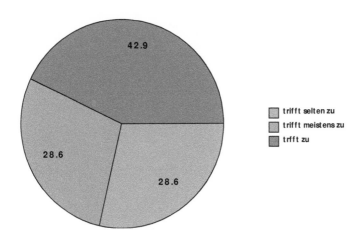

Abb. 7 Fragebogenerhebung - Maria-Hötte-Stift -

Bei den Angaben in den Kuchendiagrammen handelt es sich um Prozentangaben.

Der Biografiebogen ist ein wichtiges Instrument bei der täglichen Arbeit

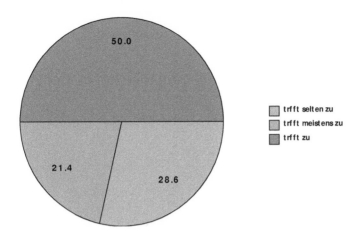

trfft selten zu
trfft meistens zu
trfft zu

Abb. 8 Fragebogenerhebung - Maria-Hötte-Stift -

Im Laufe der Zeit werden Daten im Bografiebogen ergänzt

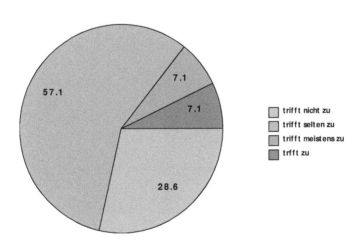

trifft nicht zu
trifft selten zu
trifft meistens zu
trfft zu

Abb. 9 Fragebogenerhebung - Maria-Hötte-Stift -

Bei den Angaben in den Kuchendiagrammen handelt es sich um Prozentangaben.

Ich fülle den Biografiebogen zusammen mit den Angehörigen aus

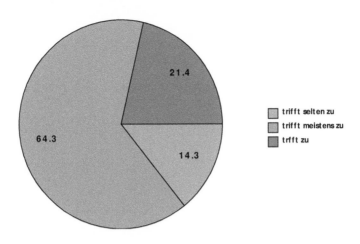

Abb. 10 Fragebogenerhebung - Maria-Hötte-Stift -

Biografie und Lebenslauf ist das Gleiche

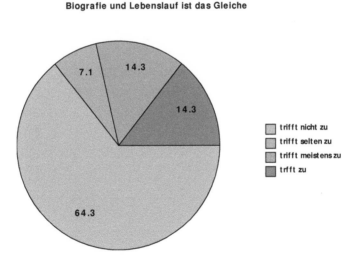

Abb. 11 Fragebogenerhebung - Maria-Hötte-Stift -

Bei den Angaben in den Kuchendiagrammen handelt es sich um Prozentangaben.

Gebildete Kategorien aus den Antworten der Frage: Was ist ihrer Meinung nach Biografiearbeit?

v15   Biografiearbeit ist besonders wichtig bei Bewohnern mit Demenz
v16   Biografiearbeit ist eine Rekonstruktion der Lebensgeschichte
        (5 Nennungen, entspricht 33,0%)
v17   Biografiearbeit dient der Wahrnehmung des Bewohners in seiner Individualität
        (6 Nennungen, entspricht 40.0%)
v18   Biografiearbeit macht Aussagen darüber, welche Krisen der Bewohner durchlebt hat.
v19   Biografiearbeit dient der Verhaltenssteuerung
v20   Biografiearbeit erlaubt Aussagen darüber, welche Bedeutung die Pflegebedürftigkeit
        und der Heimeinzug für den Bewohner hat.
v21   Biografiearbeit erlaubt Aussagen darüber, welche sozialen Kontakte für den Bewohner
        wichtig sind oder waren.

Abb. 12 Fragebogenerhebung - Maria-Hötte-Stift -

Gebildete Kategorien aus den Anworten der Frage: Um welche Daten sollte der bisherige Biografiebogen ergänzt werden?

v22   Biografiearbeit erlaubt Aussagen darüber, welche besonderen Fähigkeiten, Kenntnisse,
        Hobbys der Bewohner hat
v23   Die Dokumentation der Biografie sollte als Erzählung erfolgen
v24   Der Biografiebogen sollte eine geschichtliche Zeitskala als Anhang haben
v25   Die Daten im Biografiebogen sollten Aussagen über das Erleben der
        Pflegebedürftigkeit und die Heimsituation erlauben.
v26   Die Daten im Biografiebogen sollten Aussagen über die nicht erfüllten
        Lebenswünsche erlauben
v27   Die Daten im Biografiebogen sollten Aussagen über den Alltag vor dem Heimeinzug
        erlauben
v28   Die Daten im Biografiebogen sollten Aussagen über einschneidende Erlebnisse
        erlauben (3 Nennungen, entspricht 20%)
v29   Die Daten im Biografiebogen sollten Aussagen über Vorlieben und Abneigungen
        erlauben (3 Nennungen, entspricht 20%)
v30   Die Daten im Biografiebogen sollten Aussagen über den Lebensparner erlauben
v31   Das Ausfüllen der Biografiebögen muss vollständig erfolgen

Abb. 13 Fragebogenerhebung - Maria-Hötte-Stift -

v1 Der Biografiebogen ist ein wichtiges Instrument bei der täglichen Arbeit
v3 Die Erhebung der Daten im Biografiebogen empfinde ich als lästig

Abs. Häufigkeit

	trifft zu	trifft meistens zu	trifft selten zu	Summe
trifft meistens zu	0	0	1	1
trifft selten zu	2	0	0	2
trifft nicht zu	4	3	3	10
Summe	**6**	**3**	**4**	**13**

Eingeschlossen sind 13 von insgesamt 15 Fällen
Abb.14 Fragebogenerhebung - Maria-Hötte-Stift -

v1 Der Biografiebogen ist ein wichtiges Instrument bei der täglichen Arbeit
v5 Im Laufe der Zeit werden Daten im Bografiebogen ergänzt

Abs. Häufigkeit

	trifft zu	trifft meistens zu	trifft selten zu	Summe
trifft zu	1	0	0	1
trifft meistens zu	1	0	0	1
trifft selten zu	2	3	2	7
trifft nicht zu	2	0	2	4
Summe	6	3	4	13

Eingeschlossen sind 13 von insgesamt 15 Fällen
Abb.15 Fragebogenerhebung - Maria-Hötte-Stift -

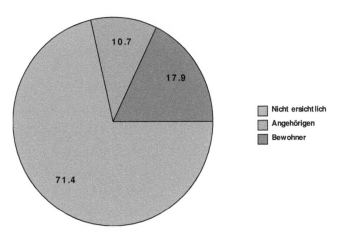

Die Angaben im Biografiebogen wurden gemacht von?

10.7

17.9

Nicht ersichtlich
Angehörigen
Bewohner

71.4

Abb. 16 Fragebogenerhebung - Maria-Hötte-Stift -

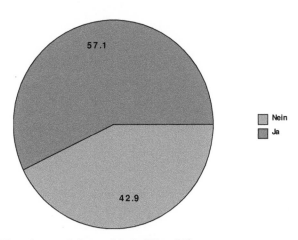

Der Bogen ist vollständig ausgefüllt

57.1

Nein
Ja

42.9

Abb. 17 Fragebogenerhebung - Maria-Hötte-Stift -

Bei den Angaben in den Kuchendiagrammen handelt es sich um Prozentangaben.

Die Angaben im Biografiebogen sind in ihren Ausführungen

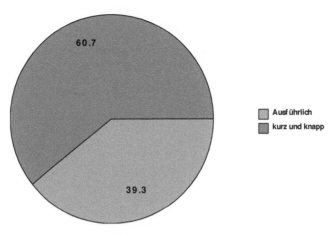

Abb. 18 Fragebogenerhebung - Maria-Hötte-Stift -

Im Laufe der Zeit wurden Angaben ergänzt

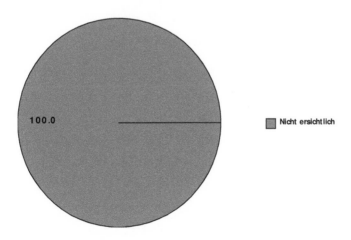

Abb. 19 Fragebogenerhebung - Maria-Hötte-Stift -

Bei den Angaben in den Kuchendiagrammen handelt es sich um Prozentangaben.

Schriftliche Befragung zum Biografiebogen im Altenwohnheim Maria-Hötte-Stift

	Trifft zu	Trifft meistens zu	Trifft selten zu	Trifft nicht zu
Der Biografiebogen ist ein wichtiges Instrument bei der täglichen Arbeit.	☐	☐	☐	☐
Ich fülle den Biografiebogen zusammen mit den Angehörigen/ dem Bewohner/in aus.	☐	☐	☐	☐
Die Erhebung der Daten im Biografiebogen empfinde ich als lästig.	☐	☐	☐	☐
Die Daten aus dem Biografiebogen werden in der individuellen Pflegeplanung berücksichtigt.	☐	☐	☐	☐
Im Lauf der Zeit werden Daten im Biografiebogen ergänzt.	☐	☐	☐	☐
Biografie und Lebenslauf ist das Gleiche.	☐	☐	☐	☐
Gleiche Lebensereignisse führen zu gleichen Biografien.	☐	☐	☐	☐

1. Was ist ihrer Meinung nach Biographiearbeit?

2. Um welche Daten sollte der bisherige Biographiebogen ergänzt werden?

Ihr Alter:	..........Jahre
Geschlecht:	**männlich**
	weiblich
Tätig in:	Vollzeit
	Teilzeit
Berufserfahrung:	..........Jahre
Ausbildungsende vor:	..........Jahren
Ausbildung:	**Altenpflegerin/Altenpfleger**
Krankenschwester/Krankenpfleger	

Informationsblatt zur Studie „Biografiebogen"

Alle Pflegenden sind sich wohl einig darüber, daß Pflege die sich an den Bedürfnissen und der Persönlichkeit der Bewohner orientiert nur mit guter Biographiearbeit möglich ist.

Dennoch besteht der Eindruck, daß ein Großteil unserer Biographiebögen, welche Grundlage der Biografiearbeit sind, nur unzureichend oder gar nicht ausgefüllt sind und bei der täglichen Arbeit zu wenig Beachtung finden.

Um unsere Biographiearbeit so wie den vorhandenen Biographiebogen zu verbessern, wird sich in absehbarer Zeit eine Projektgruppe bilden. Aufgabe dieser Gruppe wird unter anderem die Erstellung eines neuen Biographiebogens sein.

Um fest zu stellen, wie Ihre Meinung zu unserem bisherigen Biographiebogen ist, was negativ, was positiv ist und was in welcher Form weiter entwickelt werden soll, wurde ein Fragebogen entwickelt, der möglichst von allen Pflegefachkräften ausgefüllt werden sollte.

Die Ergebnisse der Befragung sollen dazu beitragen, möglichst viele Meinungen und Anregungen in den neuen Biographiebogen einfließen zu lassen, um so ein für alle zufriedenstellendes Instrument zu entwickeln.

Der Fragebogen wird in der 6. Kalenderwoche verteilt und soll bis zum 16. Februar im beigefügten Umschlag im Wohnbereich E in dem dafür vorgesehenen Karton abgegeben werden.

Es werden keine Namen erfaßt und alle Daten werden anonym ausgewertet.

Selbstverständlich ist die Teilnahme an der Befragung freiwillig.
Eine Teilnahme bzw. Nichtteilnahme zieht keinerlei Konsequenzen nach sich.

Allerdings, möchte ich sie bitten den Fragebogen auszufüllen, um auch ihren Standpunkt berücksichtigen zu können.

Die Bearbeitung des Fragebogens wird etwa 20 Minuten beanspruchen
Erst Ergebnisse sind im März zu erwarten.

Die Befragung wird durchgeführt von Frau Beate Schlüter-Rickert im Einverständnis der Pflegedienstleitung.

Informationsschreiben zum Fragebogen

Wie bereits im Infoschreiben vom 31.01. mitgeteilt wurde, ist die Teilnahme an der Befragung freiwillig und mit keinerlei Konsequenzen verbunden.

Alle Daten werden anonym erfaßt und dienen nur einer wissenschaftlichen Auswertung. Das Ausfüllen wird etwa 20 Minuten beanspruchen und sollte ohne vorherige Absprache mit Kollegen erfolgen.

Um möglichst alle Einstellungen und Meinungen erfassen zu können, bitte ich um Rückgabe der ausgefüllten Fragebögen bis zum 16.02.

Die Rückgabe sollte im beigelegten Briefumschlag im Wohnbereich E in dem dafür vorgesehenen Karton erfolgen.

Bei Rückfragen stehe ich gern jederzeit zur Verfügung:

Beate Schlüter-Rickert
Vielen Dank

Literaturverzeichnis

Antonovsky, A. (1997): Salutogenese. Zur Entmystifizierung der Gesundheit. Dt. erweiterte Herausgabe von A. Franke, Tübingen

Atteslander, P. (2000): Methoden der empirischen Sozialforschung. 9. Neu bearbeitete und erweiterte Auflage, Berlin

Bengel, J. et. al. (2001): Was erhält Menschen gesund? Antonovsky´s Modell der Salutogenese -Diskussionsstand und Stellenwert– Erweiterte Neuauflage d. Band 6- Forschung und Praxis der Gesundheitsförderung-, Köln

Feil, N./De Klerk-Rubin, V. (2005): Ein Weg zum Verständnis alter Menschen, 8. Überarbeitete und erw. Auflage, München

Flick, U. (2006): Qualitative Sozialforschung. Eine Einführung, Hamburg

Flick, U. (o. J.): Empirische Methoden. Studienbrief 2: Forschungsprozess und Auswahlverfahren. Studienbrief der Hamburger Fernhochschule

Flick, U. (o. J.): Empirische Methoden. Studienbrief 3: Erhebungs – und Auswertungsverfahren. Studienbrief der Hamburger Fernhochschule

Fisch, S. (WS 2003/2004): Die Bedeutung der Bewohnerbiographie bei der Pflege alter Menschen im Heim." Hausarbeit: Psychologie des Alterns, KFH Freiburg

Friebe, J. (2004): Der biografische Ansatz in der Pflege. In Pflege und Gesellschaft. 19. Jahrgang 1/2004

Gerckens, R. (2004): Empirische Methoden. Studienbrief 4: Methoden quantitativer Erhebungsverfahren. Studienbrief der Hamburger Fernhochschule

Hart, E ./ Bond, M. (2001): Aktionsforschung. Handbuch für Pflege-, Gesundheits- und Sozialberufe, Bern, Göttingen, Toronto, Seattle

Kitwood, T. (2005): Demenz-Der personen-zentrierte Ansatz im Umgang mit verwirrten Menschen, 4. unveränderte Auflage, Bern, Göttingen, Toronto, Seattle

LoBiondo-Wood, G. (2005): 2. Auflage. Pflegeforschung: Methoden –Bewertung - Anwendung, München, Jena

Osborn, C. et. al. (1997): Erinnern. Eine Anleitung zur Biographiearbeit mit alten Menschen, Freiburg im Breisgau

Reitsma, F. (2003): In Harmonie mit dem Schicksal. Die Kunst der Lebensrückschau, Stuttgart

Schwartz, F. W. et. al. (1998): Das Public Health Buch. Gesundheit und Gesundheitswesen, München, Wien, Baltimore

Alzheimer Forum, Online im Internet unter: www.alzheimerforum.de (15.01.2007)

Schütt, M./ Rosenthal, Th. (2004): Fallstudie im Diakonissen Krankenhaus in Flensburg. Online im Internet unter: www.KlinikWissen.de (09.01.2007)

Wächterhäuser, A. (2002): „ Konzepte für die Betreuung dementer Menschen."Diplomarbeit im Fachbereich Erziehungswissenschaften, Philipps-Universität-Marburg, Online im Internet unter www.we-serve-you.de (15.01.2007)

Lightning Source UK Ltd.
Milton Keynes UK
UKHW041432131218
333957UK00001B/138/P